DE LA

PEINE DE MORT.

A PARIS,

CHEZ PIHAN DELAFOREST (MORINVAL),
IMPRIMEUR-LIBRAIRE, RUE DES BONS-ENFANS, N°. 34;
ET CHEZ TOUS LES MARCHANDS DE NOUVEAUTÉS.

1830.

DE LA

PEINE DE MORT,

Par M. Trtis,

ANCIEN SECRÉTAIRE DE MANUEL,

ET AVOCAT A MARSEILLE.

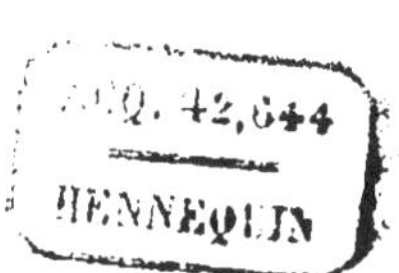

A PARIS,

CHEZ PIHAN DELAFOREST (MORINVAL),

IMPRIMEUR-LIBRAIRE, RUE DES BONS-ENFANS, N°. 34;

ET CHEZ TOUS LES MARCHANDS DE NOUVEAUTÉS.

1830.

DE

LA PEINE DE MORT.

La peine de mort a été admise de tous les temps et par les plus grands législateurs.

Par quel prodige se trouve-t-elle tout d'un coup en butte à une attaque générale?

L'opinion qui tend à l'abolir entièrement a été adoptée d'enthousiasme; elle est, en quelque sorte, devenue un objet de mode. Ce ne sont, de toutes parts, que pétitions en sa faveur. Des jurisconsultes mêmes, qui, mieux que personne, peuvent apprécier l'utilité de la peine de mort, qui, mieux que personne, doivent sentir le danger de toucher brusquement à un principe qui a pour lui la sanction des siècles, n'ont pu se défendre de cet entraînement universel. C'est au point qu'un orateur, à la Chambre des députés, a craint que ses efforts, contre l'opinion du jour, ne fussent impopulaires, et que sa voix ne trouvât point d'écho en France!

On marche à pas de géant vers un système dont l'admission ébranlerait la société.

Puisqu'on entend à peine quelques voix solitaires s'élever contre la funeste innovation dont on nous menace, qu'il me soit permis, ne fût-ce que pour faire nombre, de tracer quelques rapides réflexions sur la question la plus importante qui ait jamais été soulevée.

Je m'abstiendrai de raisonnemens métaphysiques. Cette manière de discuter n'est propre qu'à montrer la subtilité de l'esprit, sans jamais produire de résultat.

Les théories abstraites ne sont, le plus souvent, et ici surtout, que de brillantes illusions.

Dans une matière aussi grave, c'est du positif qu'il faut.

Et d'abord, pour simplifier la question, je me hâte de reconnaître qu'il pourrait être utile d'adoucir notre législation pénale sur certains points.

Il est des crimes pour lesquels la peine de mort paraît trop forte; et pourtant, dans les réformes qu'il serait possible de faire à ce sujet, convient-il de n'agir qu'avec la plus extrême circonspection.

Quoi qu'il en soit, disons-le de prime abord, la seule question que nous allons examiner est de savoir s'il faut abolir *entièrement* la peine de mort.

Sans doute le crime a ses degrés. Il est des êtres aussi malheureux que coupables, qu'un égarement passager, que de fatales circonstances ont conduits aux forfaits; ils méritent de la pitié.

Mais n'existe-t-il pas, au milieu de nous, une race perverse et incurable, dont le mal est l'unique occupation? Leur création semble une erreur de la nature. Ennemis nés de la société, comme pour mieux marquer leur séparation d'avec elle, ils ont une langue particulière; ils ont un dictionnaire complet; ils ont jusqu'à leur littérature (1); ils forment un peuple à part, mais un peuple d'incorrigibles scélérats. N'espérez d'eux ni remords, ni repentir. Écoutez ce qu'en dit un homme qui devait bien les connaître : « Sophie ne voyait rien » que de très naturel au métier qu'elle faisait; et » la répression, lorsqu'elle ne pouvait l'éviter, était » pour elle un accident comme un autre. La prison » ne lui faisait pas peur; loin de là elle était, en » quelque sorte, sa sphère (2). »

Qui doutera que, sur de pareils êtres, la crainte de la mort, seule, ait assez de force pour les empêcher de se porter aux derniers crimes?

Ce n'est qu'en vue de ces scélérats de profession que je traiterai la question de la peine de mort.

Je serai bref sur le point de droit.

La vie de l'homme, dit-on, est inviolable parce qu'elle est un don du créateur!

Craignez donc aussi d'écraser la vipère, car c'est le créateur qui lui a donné la vie! Est-il de bête féroce plus étrangère à l'humanité que ces monstres qu'un premier forfait n'a point glacés de remords;

---

(1) Voyez la note à la fin.

(2) *Mémoires de Vidocq*, tom. III, page 248.

qui ne vivent que pour verser le sang; et qui, au sortir d'un meurtre, calculent froidement les moyens d'en commettre un nouveau?

La vie, dites-vous, est un don de la nature! Mais n'en est-il pas de même de la liberté? La liberté n'est-elle pas un bien aussi inaliénable, aussi imprescriptible que l'existence (1)?

Et si personne ne conteste que la société, pour sa défense, n'ait le droit de priver de l'une, pourquoi ne pourrait-elle pas aussi disposer de l'autre?

Ce dernier argument est si décisif qu'il a fait abandonner la question de droit à tous les adversaires de la peine de mort (2), à tous, hormis un seul.

L'auteur de la proposition que je combats, croyant répondre à cette objection, a dit: « Mais » nous ne faisons point de différence entre la li- » berté et la vie; nous ne voulons pas plus de la » perte de la liberté à tout jamais, que de la perte » de l'existence : je repousse les peines perpé- » tuelles. »

---

(1) La liberté a quelquefois même paru chose plus précieuse que la vie, témoin ce rescrit de l'empereur Constantin, placé sous le titre *de patriæ potestate*, au Code : « *Libertati à majoribus tantum impensum est ut patribus quibus jus vitæ in liberos necisque potestàs olim erat permissa, libertatem eripere non liceret.* »

(2) Voyez le rapport de M. Béranger à la Chambre des députés.

Après avoir ainsi reconnu la similitude entre la liberté et la vie, quant au droit d'en disposer; après avoir établi en principe l'inviolabilité de l'une et de l'autre, par quelle inconséquence venez-vous ensuite faire des distinctions entre la privation temporaire et la privation perpétuelle de la liberté?

Lorsqu'à notre naissance, le créateur nous donna la liberté, ne nous l'accorda-t-il que sous des restrictions?

Si votre raisonnement est exact pour l'emprisonnement perpétuel, il conclut aussi contre toute espèce de détention.

Soyez donc d'accord avec vos propres doctrines, ne les appliquez pas à demi. Au lieu de borner vos réformes à l'échafaud, demandez donc aussi qu'on ferme toutes les prisons!

Ces restrictions, que vous êtes forcé d'admettre, au préjudice de la liberté, où les avez-vous trouvées? Quelle en est la limite?

N'est-ce pas l'unique considération de l'intérêt social qui les exige? N'est-ce pas le droit positif seul qui les a créées?

Reconnaissez donc qu'en matière de pénalité, la première loi est celle du salut public; que le droit naturel s'y modifie nécessairement suivant les besoins de la société; reconnaissez enfin que, dans la question qui nous occupe, le seul problême à résoudre est bien réellement celui de l'utilité.

Ici encore nous ne nous arrêterons pas aux objections purement métaphysiques ; à cette supposition, par exemple, que le spectacle de l'échafaud peut rendre les mœurs féroces.

Les exécutions ne sont pas assez multipliées pour pouvoir produire un pareil résultat. Et d'ailleurs, ne pourrions-nous pas dire, avec bien plus de vérité, que l'impression que produit sur les masses l'aspect d'un supplice, est celle de la pitié ? Qu'il y a loin d'un pareil sentiment à celui de l'endurcissement qu'on suppose !

Est-il plus raisonnable de dire que la vue des supplices amène et entretient la fureur du duel ? Cette maladie de l'humanité, fruit d'un préjugé moderne, n'était point connue des anciens, qui admettaient la peine de mort.

Elle n'est donc point l'effet de celle-ci ; le faux point d'honneur qui la cause est hors de l'influence de toute législation pénale.

Qui croira encore que les cabinets étrangers, délibérant sur une guerre projetée, seront émus par la considération que la peine de mort n'existe plus chez nous ?

Est-ce bien par des éventualités si contestables, si éloignées, qu'on doit se décider dans une aussi grave question ?

Venons-en donc aux objections positives et basées sur des faits.

Pour principal argument, on dit que l'énormité de la peine engendre l'impunité ; que les jurés se refusent souvent à rendre une déclaration de culpabilité qui conduirait à la mort. On invoque à l'appui des tableaux statistiques, suivant lesquels les accusés pour crimes de fausse monnaie, d'incendie, d'infanticide, auraient été absous dans la proportion d'environ soixante-douze sur cent. « C'est donc à peine, ajoute-t-on, si le quart de » ces crimes a été puni. »

Quel est donc ce raisonnement qui n'a de base qu'en présumant le crime chez tous les accusés, qu'en réputant coupables tous ceux qui ont été absous?

Mais enfin, tenons pour exact le calcul sur lequel repose l'objection. Que conclure de là? que, pour certains cas, la peine de mort est trop sévère; qu'on l'a trop prodiguée : voilà tout.

Ainsi ce n'est que l'abus de la chose qu'on démontre. On n'a rien prouvé contre le principe.

Supprimez donc la peine de mort pour les crimes qui ne la comportent pas; mais est-ce une raison pour ne pas la maintenir contre ces forfaits atroces qui inspirent une horreur universelle? Vous ne feriez que passer d'un excès à l'autre.

L'utilité de la peine de mort se tire de la terreur qu'elle inspire à ceux qui seraient tentés d'imiter le crime puni.

On conteste cet effet préventif.

Avec une pareille opinion, il faut détruire toute législation pénale.

En effet, les peines ne sont pas et ne doivent jamais être des actes de vengeance. Nous sommes tous d'accord sur ce point.

Quel en est donc le but ?

Les peines temporaires n'ont pas, à coup sûr, pour objet de corriger les coupables.

Les prisons et les bagnes n'ont jamais passé pour des écoles de mœurs. Tant qu'un bon système pénitentiaire n'aura pas été établi (et encore!), il sera rare que le détenu ne sorte pas plus scélérat qu'auparavant.

Serait-ce pour empêcher les méchans de rester dans la société qu'ils troubleraient?

D'après cette idée, ce n'est pas pendant six mois, pendant un an ou deux seulement, qu'il faudrait les détenir, mais pour toute la vie. Les peines perpétuelles seules sont capables de garantir tout-à-fait la société contre de nouveaux crimes.

Puisque les peines temporaires ne sont dictées ni par la vengeance, ni par l'espoir d'une conversion, ni par le besoin d'empêcher de nouveaux crimes de la part du condamné, comment peut-on les justifier, si ce n'est par l'utilité préventive de l'exemple?

Et si l'on reconnaît cette efficacité à de légères punitions, comment la refuser à la peine la plus terrible de toutes, celle de mort?

Cette idée qu'il faut renoncer à la vie, cet appareil lugubre qui environne l'exécution, cette tête sanglante tombant sous le fer de la loi, tout cela, quoi qu'on en dise, est fait pour glacer d'effroi le plus hardi scélérat. L'aspect de l'échafaud, n'en doutez pas, a fait avorter plus d'une pensée criminelle.

Pour frapper ces cœurs de bronze, qui du crime font une horrible profession, il faut des émotions aussi terribles que leurs forfaits; il faut le spectacle de la mort, il faut la certitude de la mort.

Cette utile terreur, l'inspirerez-vous au même degré par des condamnations légères prononcées dans une étroite enceinte et subies dans l'ombre? car vous parlez aussi d'abolir l'exposition publique.

Si vous dépouillez ainsi la législation pénale de tout ce qui frappe les sens, de tout ce qui est capable d'effrayer; si vous vous bornez au châtiment matériel du coupable, c'est alors que les punitions infligées prendront un caractère de vengeance, puisque vous leur aurez ôté l'utilité préventive de l'exemple.

« Mais, dit-on, c'est une grave erreur que de croire que le supplice devienne préventif pour les crimes de même nature : n'a-t-on pas vu répandre de la fausse monnaie au moment et sur le lieu même de l'exécution d'un homme condamné pour ce genre de crime? »

Quel sophisme! De ce que la crainte de la mort n'opérerait pas toujours son salutaire effet, est-ce une preuve qu'elle ne le produise jamais?

C'est comme si l'on disait : la médecine ne guérit

pas tous les malades, à quoi bon dès-lors la médecine?

Supposez dix scélérats arrivés devant l'échafaud avec des pensées criminelles.

J'admets, si vous le voulez, que cinq d'entre eux persisteront dans leurs affreux projets. Soit.

Mais les cinq autres? Tous ne sont pas également féroces et endurcis.

Ce spectacle effrayant du sort réservé aux assassins, ce sang que l'instrument de mort aura fait rejaillir sur eux, croyez-vous qu'il ne leur fera pas tomber des mains le fer qu'ils allaient plonger dans le sein de leurs victimes?

Ne vous y méprenez donc plus : ces innocens qui auraient péri sans l'aspect d'un échafaud, c'est leur sang que vous mettez en balance avec le sang impur d'infâmes scélérats. Est-ce là de la justice? est-ce là de la philantropie?

Combien de fois encore n'a-t-on pas entendu des hommes s'écrier : « Ah! si j'étais sûr d'en être quitte pour la prison, comme je tuerais mon ennemi! »

Commencez donc par extirper du cœur humain les passions qui poussent au crime, avant de songer à détruire la seule barrière qui le plus souvent puisse les arrêter.

S'il existe effectivement des forcenés sur lesquels la crainte de la mort même ne puisse rien, quel frein pourra les retenir? Que tardez-vous donc de les retrancher de la société, pour laquelle leur existence est une calamité, un péril continuel?

Tandis que vous proposez votre loi fatale, que ne pouvez-vous assister à l'un de ces conciliabules qui se tiennent dans les repaires du crime! Vous frémiriez d'entendre les horribles actions de grâce qu'on vous y adresse! Écoutez-les se dire : « Honneur à l'ami, au protecteur qui veut arracher à la loi le glaive qui nous a si souvent retenus! il a bien mérité de nous. Plus de crainte désormais. La prison! on en sort. Cour[illegible]: tuons, massacrons; et loué soit celui qui nous garantit la vie! »

Dupes des illusions de votre cœur, vous croyez avoir défendu les droits de l'humanité. Imprudens, vous n'avez fait que soutenir la cause du crime!

Mais, dites-vous, en les détenant, nous les empêcherons de faire le mal.

Songez d'abord que vous ne voulez pas de détention perpétuelle.

Ensuite êtes-vous bien sûrs qu'ils ne réussiront jamais à mettre en défaut leurs gardiens?

Les scélérats de profession sont tous adroits; ils ont des affidés. L'expérience atteste qu'on a vu le même individu s'évader non pas une, mais plusieurs fois.

Quelle peut être leur vie alors?

Proscrits de la société, sans industrie possible, réduits à se cacher, de quoi pourront-ils subsister, si ce n'est du fruit de nouveaux crimes ?

Soyez donc responsables du sang qu'ils auront versé, vous qui aurez écarté de leur tête la mort qui eût prévenu leurs forfaits !

Ici il ne s'agit plus de métaphysique, ni de probabilités. Ce sont des faits, dans leur cruelle réalité. Chaque jour les journaux nous remplissent d'horreur par l'épouvantable récit des atrocités commises par des forçats libérés ou évadés.

Vous vivriez encore, infortunés époux de la vallée de Montmorenci, sans des monstres, vomis par le bagne, qui vous ont massacrés à la fleur de l'âge ! On avait conservé la vie à ceux qui devinrent vos meurtriers. C'est ce qui vous a valu la mort !

En présence de pareils souvenirs et de tant d'autres, dont on pourrait faire des volumes, comment peut-on appeler la philantropie au secours de la scélératesse ? N'est-ce pas une profanation ?

Vous parlez des terreurs qui assiégent les jurés au moment de rendre la déclaration qui voue au trépas une tête coupable. Croyez-vous donc que votre sommeil sera paisible et votre cœur sans angoisses, à chaque récit qui vous apprendra que votre funeste loi, pour sauver le meurtrier, a fait périr l'innocent ?

Revenez donc d'une déplorable erreur. C'est

celle de gens de bien qui ne voient le monde qu'à travers le prisme de leur propre vertu. Voyez les choses telles qu'elles sont, non telles que vous voudriez qu'elles fussent; abjurez enfin cet enthousiasme irréfléchi qui vous porte à faire de la législation sentimentale, au péril de l'humanité.

Les dangers attachés à l'abolition de la peine de mort et que nous venons d'indiquer, sont bien graves : nous en avons encore d'autres à signaler.

Une vérité de fait, c'est que les lois criminelles ne sont nulle part mieux connues que dans les prisons.

Il faut voir les détenus, le Code pénal à la main, discuter les circonstances aggravantes ou atténuantes qui les approchent ou les éloignent de l'échafaud.

Et cette gradation de peines, que les méchans connaissent si bien, quel en est le motif, quelle en est l'utilité? Le voici.

Si le législateur avait dit aux voleurs : « Que vous assassiniez ou que vous n'assassiniez pas, vous serez également punis de mort, » ils auraient répondu : « Puisque nous ne pouvons échapper à la peine capitale, débarrassons-nous, en le tuant, du témoin, souvent unique, qui pourrait déposer contre nous. »

Aussi reconnaissons-nous que prodiguer la peine de mort est un mauvais moyen de prévenir les crimes.

Mais l'abolir entièrement, c'est tomber dans l'excès contraire; c'est conduire, par un calcul inverse, au résultat qu'il faut éviter.

On n'aura pas plutôt appris aux assassins que la mort ne sera jamais à redouter pour eux, qu'ils diront: « Puisque nous devons en être quittes pour une détention plus ou moins longue, tuons toujours, ce sera le moyen de détruire toutes preuves contre nous. Si, malgré cela, nous venons à être condamnés, la vie nous restera, et, avec elle, l'espoir de briser nos fers et de recommencer nos forfaits. »

Ainsi loin de prévenir les crimes, vos théories ne feront que les multiplier.

Ne portez donc qu'en tremblant la main sur un principe dont vous n'avez pas assez apprécié les motifs; sur un principe reçu dans toutes les lois anciennes et modernes. Ne vous hâtez pas de flétrir du reproche de barbarie tant de législateurs qui ont admis comme utile ce que vous voulez abolir. Dans tout ce qui ne tient pas aux passions locales, mais aux principes fondamentaux de la société, l'expérience des siècles n'est point à mépriser.

Aussi, a-t-on cherché à se créer des doutes sur l'uniformité des législations à cet égard. On n'est parvenu à citer que quelques prétendus exemples parmi les milliers de peuples qui, tour-à-tour, ont régné sur la terre.

Nous pourrions dire que quelques rares exceptions ne font pas règle. Mais enfin, voyons.

On parle des Romains, tandis que leur loi, poussant les choses à la barbarie, donnait aux pères, sur leurs enfans, le droit de vie et de mort. *In liberis justis, jus vitæ et necis esto* (1).

On cite les États-Unis (2). Il est vrai que, tout récemment, on vient d'y proclamer l'inviolabilité de la vie, et que l'on s'occupe d'y organiser une législation sur ce principe.

Mais ce n'est là qu'une expérience. Attendez que les faits en aient démontré l'efficacité. Le temps seul pourra nous apprendre quels succès il faut en espérer.

Au surplus, quelle comparaison à faire entre un peuple neuf, vierge de corruption, où une faible population est éparpillée sur un immense territoire qui lui fournit une facile subsistance, et notre pays, où la terre manque aux bras, où l'oisiveté, jointe

---

(1) Loi des douze tables. Elle punissait aussi de mort, entre autres, le vol à main armée, et jusqu'au faux témoiguage. « *Si se telo defensint, quiritatò endoque plorato; post deinde si cæsi escint, se fraude esto : si falsum testimonium dicassit, saxo dejicitur.* » Sous le nouveau droit romain, même sévérité. Il y avait des crimes pour lesquels on brûlait vif, ou bien on livrait aux bêtes féroces.

(2) Wasinghton, ce grand philantrope, n'hésita pas à ordonner la mort du major André.

au luxe le plus effréné, engendre toutes sortes de crimes !

Quand même la réforme projetée aux États-Unis, viendrait à réussir, elle ne prouverait rien vis-à-vis de nous. Alors encore, je dirais au législateur de bien peser cette réponse d'un ancien : « J'ai donné à mon peuple, non pas les meilleures lois possibles, mais celles qui lui convenaient le plus. »

Après cela, que reste-t-il ? Des essais faits, pendant quelques années seulement, en Russie et en Toscane, mais bientôt abandonnés, et dès-lors qui concluent plutôt pour que contre notre opinion.

Ainsi, toujours des mais, rien que des mais ! peuvent-ils prévaloir sur des siècles d'usage contraire ?

Mais, dit-on, les annales de la jurisprudence offrent des exemples d'innocens condamnés, et ce mal est irréparable.

Commençons par écarter tous ceux (et ce sont les plus nombreux) pris sous l'ancienne législation. Alors que les débats étaient secrets, que les accusés n'étaient point confrontés avec les témoins, qu'ils n'avaient même pas de défenseurs, les erreurs judiciaires étaient faciles.

Ce danger n'est plus le même aujourd'hui, que la publicité et des formalités tutélaires ont été établies pour protéger ceux qui sont traduits devant la justice.

Ensuite, l'institution bienfaisante des jurés

n'offre-t-elle pas une garantie que les condamnations ne seront désormais le résultat que des preuves les plus convaincantes ?

Que si, malgré toutes ces précautions, un innocent venait à perdre la vie, ce serait une calamité déplorable sans doute.

Mais, mettez en balance le sang pareillement innocent que le maintien de la peine de mort aura sauvé. La compensation sera toujours au profit de l'humanité.

L'innocent, qui aura péri, deviendra ainsi le sauveur de plusieurs hommes.

N'est-il pas dans la nature que le mal soit à côté du bien, et le bien à côté du mal ?

Les orages qui fécondent la terre n'entraînent-ils jamais de ravages après eux ?

Le soldat, placé à un poste périlleux, n'est-il pas souvent dévoué à une mort certaine ? La société aussi doit avoir ses martyrs.

Tel est notre sort ici-bas, que la perfection n'existe nulle part. Vouloir une législation exempte de défauts et d'inconvéniens, c'est demander l'impossible. Il faut savoir se résigner à un mal quand il s'agit d'en éviter un plus grand.

Or, tout bien pesé, tout bien examiné, on arrive à cette conclusion nécessaire, qu'on ne saurait abolir la peine de mort sans les plus graves dangers pour la société.

Qu'on la supprime pour les cas où elle est excessive; tout le monde y applaudira. Les lois trop dures sont aussi dangereuses que les lois trop faibles.

En un mot, améliorons, mais ne détruisons pas.

En finissant, j'oserai signaler l'amélioration la plus désirable.

On a fait observer, avec beaucoup de justesse, que c'est bien vainement que le législateur prescrit aux jurés de ne jamais considérer les suites que pourra avoir, par rapport à l'accusé, la déclaration qu'ils ont à faire (1).

« Leur conscience, dit-on, parlera plus haut » qu'un serment arraché par la force, et donnera » un démenti à la sagesse de vos lois. L'omnipo- » tence du jury deviendra, comme en Angle- » terre, et souvent comme en France, le correctif » nécessaire de votre législation pénale. »

Gardons-nous bien d'un pareil correctif, puisqu'il n'existe que par la violation du serment.

Ce parjure continuel commis dans le sanctuaire et par les ministres mêmes de la justice, est un grand scandale. La loi qui produit un pareil résultat, n'hésitons pas à le dire, est une loi immorale.

Quel danger pour les mœurs que de familiariser ainsi avec le mensonge, que de condamner ainsi au parjure l'élite des citoyens ! Quel exemple donneront-ils aux autres ? quelle leçon en recueilleront-ils pour eux-mêmes ?

---

(1) Cod. pén., art. 342.

Puisque le mal est connu, il est urgent d'y porter remède ; en voici le moyen :

Pourquoi, pour les grands crimes, les jurés reculent-ils si souvent devant une déclaration de culpabilité ? c'est que, malgré le vœu du législateur, ils n'ignorent pas que la peine de mort est au bout.

En effet, la loi dit impérieusement : *Quiconque* aura fait de la fausse monnaie, *sera puni de mort ; tout coupable* d'assassinat, de parricide, d'infanticide, d'empoisonnement, *sera puni de mort*, etc.

Une fois le fait constaté, le juge ne peut se dispenser de condamner à mort. Les jurés le savent ; ils agissent en conséquence.

Au lieu de cela, qu'on laisse aux juges une certaine latitude ; qu'on fixe, pour tous les crimes, sans exception, un *minimum* et un *maximum*, qui sera la peine de mort.

Dès ce moment, les consciences timorées seront rassurées ; les jurés, sachant que leur verdict n'aura plus la mort pour inévitable résultat, ne prononceront plus que d'après leur conviction (1).

Par ce moyen encore, les juges, n'étant plus liés par une loi inflexible, deviendront avares d'une

(1) Nous avons d'autant plus lieu de croire à l'efficacité de cette mesure, que l'on voit les jurés y aller au devant, en faisant usage d'un moyen analogue. Il leur arrive souvent,

peine dont l'application entraîne une si grande responsabilité.

Tout gagnera à ce système : la morale, qui verra mettre un terme à de continuels parjures; la philantropie, qui se félicitera de voir diminuer les supplices.

Ajoutez à cela le droit de grâce et de commutation de peine, déféré au prince, et son plus bel apanage; ce droit qui, placé à côté de la prononciation de la peine, absout la loi de tout reproche de barbarie.

Ainsi, par une heureuse révolution, les condamnations capitales deviendront chaque jour plus rares.

Que la clémence soit dans le cœur des juges, et qu'ils puissent en faire usage; mais que la loi conserve son utile sévérité.

Que l'incertitude plane toujours sur les méchans; qu'ils ne cessent pas de voir le glaive suspendu sur leurs têtes et ne tenant qu'à un fil.

Quand même la peine de mort devrait ne jamais être subie, qu'elle reste écrite dans la loi, pour l'effroi du méchant et la sécurité de l'honnête homme.

(nous en avons été témoin) de convenir entre eux d'une déclaration de culpabilité à la majorité de 7 voix contre 5, afin de laisser à la cour le soin de les départager. Ces transactions sont aussi un parjure, mais elles prouvent que les jurés, pour prononcer librement, ne demandent qu'à voir la responsabilité d'une condamnation capitale rejetée tout entière sur les magistrats.

NOTE.

Les bandits de profession, avons-nous dit, ont une langue à part, jusqu'à leur littérature. Pour en donner une idée, nous allons citer des couplets extraits des *Mémoires de Vidocq*, ainsi que la traduction qu'il en fait.

Nous étions dix à douze,
Tous *grinches* (1) de renom ;
Nous attendions la *sorgue* (2),
Voulant *poisser* des *bogues* (3)
Pour faire du *billon* (4).

Partage ou non partage,
Tout est à notre usage,
N'épargnons le *Pottou* (5).
Poissons avec adresse (6)
Messières et *gonzesses* (7),
Sans faire de *regout* (8).

Dessus le Pont-au-Change
Certain agent-de-change
Se *criblait au charron* (9) ;
J'engantai sa *toquante* (10),
Ses *attaches brillantes* (11)
Avec ses *billemonts* (12).

Quand douze *plombes crossent* (13)
Les *pègres* s'en retournent (14)
Au tapis de *moutron* (15).
Moutron, ouvre ta *lourde* (16)
Si tu veux que *j'aboule* (17)
Et *pionse* en ton *bocson* (18).

---

(1) Voleurs.
(2) La nuit.
(3) Des montres.
(4) De l'argent.
(5) Prenons nos précautions.
(6) Volons.
(7) Bourgeois et bourgeoises.
(8) Éveiller les soupçons.
(9) Criait au voleur.
(10) Je lui pris sa montre.
(11) Ses boucles en diamant.
(12) Ses billets.
(13) Minuit sonne.
(14) Les voleurs.
(15) Au cabaret.
(16) Ta porte.
(17) Donne de l'argent.
(18) Couche dans ton logis.

Moutron *drogue* à sa *larque* (1) :
Bonnis-moi donc, *girofle* (2),
Qui sont ces *pègres*-là (3) ?
Des *grinchisseurs* de *bogues* (4),
Esquinteurs de *boutoques* (5),
Les *connobres*-tu pas (6) ?

Et vite ma *culbute* (7) ;
Quand je vois mon *affare* (8)
Je suis toujours *paré* (9) ;
Du plus grand cœur du monde
Je vais à la *profonde* (10)
Pour vous donner du frais.

Mais déjà la *patrarque* (11),
Au clair de la *moucharde* (12),
Nous *reluque* de loin (13).
L'aventure est étrange :
C'était l'agent-de-change
Que suivaient les *roussins* (14).

A des fois on *rigole* (15),
Ou bien on *pavillone* (16),
Qu'on devrait *lansquiner* (17) ;
Railles, *griviers* et *cognes* (18)
Nous ont, pour la *cigogne* (19),
Tretous marrons paumés (20).

Les *Mémoires de Vidocq* sont remplis de conversations dans un style tout aussi abject. Quelle dépravation et quel endurcissement ne suppose pas l'habitude d'un si dégoûtant langage? Faut-il s'étonner d'avoir vu un élève de cette école infernale traduit en justice *à l'âge de douze ans*, pour dix incendies et deux tentatives d'incendie (21)? Laissez se perfectionner une intelligence si précoce; conservez soigneusement un sujet si précieux : vous verrez le bien qu'il fera par la suite. Il vous bénira de lui avoir sauvé la vie : mais la société !!!

(1) Demande à sa femme.
(2) Dis donc, la belle.
(3) Ces voleurs-là.
(4) Voleurs de montres.
(5) Enfonceurs de boutiques.
(6) Ne les connais-tu pas?
(7) Culotte.
(8) Bénéfice.
(9) Prêt.
(10) Cave.
(11) Patrouille.
(12) La lune.
(13) Regarde.
(14) Mouchards.
(15) Rit.
(16) Plaisante.
(17) Pleurer.
(18) Exempts, soldats et gendarmes.
(19) Palais-de-Justice.
(20) Pris en flagrant délit.

(21) *Gazette des Tribunaux* des 17 et 18 août 1829.

IMPRIMERIE DE PIHAN DELAFOREST (MORINVAL), RUE DES BONS-ENFANS, N°. 34.

IMPRIMERIE DE PIHAN DELAFOREST (MORINVAL), RUE DES BONS-ENFANS, N°. 34.

www.ingramcontent.com/pod-product-compliance
Ingram Content Group UK Ltd.
Pitfield, Milton Keynes, MK11 3LW, UK
UKHW022148260726
13993UKWH00005B/2223

9 782329 162751